AF348156

MARC LECLERC

UNE ARTISTE ANGEVINE :

Louise DESBORDES-JOUAS

(1848 - 1926)

ANDRÉ BRUEL
39, Rue Plantagenet
ANGERS
—
1927

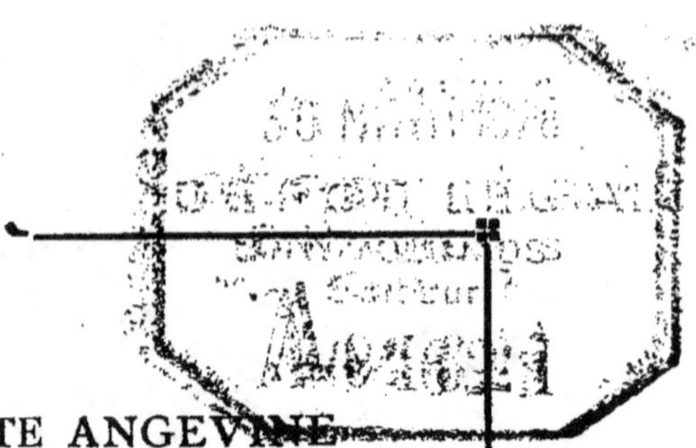

UNE ARTISTE ANGEVINE

LOUISE DESBORDES-JOUAS

Le 18 août dernier, après les longues et terribles souffrances d'un mal qui ne pardonne pas, s'éteignait à Créteil, dans ce pavillon parmi les fleurs à demi sauvages qu'elle affectionnait, Mme Louise-Alexandra Desbordes-Jouas. Août, l'époque des absences : à la « Société des Artistes Angevins », nous étions tous dispersés de ci, de là, et personne d'entre nous ne put aller rendre un dernier hommage à celle qui avait été parmi les premiers fondateurs, et l'une des plus dévouées sociétaires de notre groupement, et porter à son mari, le bon graveur Charles Jouas, le témoignage de nos sympathies attristées.

Quelque temps après, Henry Coutant, dans la presse angevine, publiait un premier article pour saluer la mémoire de la disparue, mais il était convenu entre nous qu'une étude plus complète devait paraître, sur la vie et les œuvres de cette

femme de grand talent et de grand cœur.
Aujourd'hui que j'ai pu, aidé par les
pieuses recherches de Charles Jouas, re-
trouver, sur un passé déjà lointain, quel-
ques-uns de ces documents que son om-
brageuse modestie avait tenus cachés durant sa vie, je tenterai l'épreuve de dire,
au nom de la Société des Artistes Angevins, un peu de ce que fut cette très
belle artiste.

*
**

Nous savions bien, tous, qu'elle n'était
plus jeune... et pourtant ce nous fut une
stupeur, à la lecture de son faire-part
de décès, de constater qu'elle était notre
doyenne : notre cher Paul Pionis n'était
que son cadet, car elle était née rue St-
Aubin, à Angers, le 4 février 1848, de
François-Lucien Desbordes, et de José-
phine-Louise Bouter ; le 1er juillet suivant, elle était baptisée à Saint-Maurice,
où son parrain fut M. Joseph Papin.

La vie, plus tard, l'entraîna ailleurs,
mais de cette naissance angevine elle eut
toujours la fierté. Nous avons vu de
grands artistes, comme Anatole France
et Réjane, mettre jusqu'à la fin une sin-
gulière obstination à renier leur origine
provinciale, et à ne pas avouer qu'ils
étaient « de chez nous »... d'autres, il est

vrai, envers qui l'existence semblait
avoir tout fait pour les détacher de leur
petite patrie, ne l'oublièrent jamais, tel
Achille Cesbron, le Maître des fleurs, ou
le magnifique acteur Duquesne, Angevin
fervent ; Louise Desbordes fut de ceux-
ci.

Son père, Lucien Desbordes, un artiste
original et complet, était, lorsqu'elle na-
quit, organiste à Saint-Maurice. Nous le
voyons plus tard diriger l'orchestre du
Théâtre de Bordeaux ; et c'est de là,
peut-être, que date, pour sa fille, cette
vocation scénique qu'elle suivit tout
d'abord. De Bordeaux, Lucien Desbordes vint s'installer à Paris, où, tout en
restant musicien, il se révélait aussi
sculpteur humoriste fort spirituel, mode-
lant des « charges » en terre cuite, ven-
dues avec succès sous les Galeries du
Palais-Royal ; charges, surtout, de ro-
bins, avocats ou magistrats, plaisantes
sans méchanceté ni sans fiel : il refusa
toujours de verser dans la satire politi-
que ou religieuse ; un de ces masques
minuscules nous est resté, d'une très
alerte facture, et c'est justement celui
de l'auteur lui-même, cet artiste de belle
humeur, qui toujours ignora la haine et
qui légua sa bonté à sa fille, parmi d'autres dons précieux.

*
**

Le 2 août 1867, Louise Desbordes, élève du Conservatoire Impérial, reçut au concours le premier accessit de grand opéra. Première chanteuse de la Chapelle de l'Empereur, elle fut presque aussitôt engagée à l'Opéra, où semblait l'attendre une brillante carrière musicale ; et c'est ainsi qu'elle créa, le 4 mars 1869, le rôle de « Dame Marthe » dans « Faust » ; et telle caricature de la « Vie Parisienne » de cette époque, due sans doute à la plume de Marcelin, nous la montre, de profil, coiffée en bandeaux sous un chaperon à crevés fort romantique.

Mais là n'était pas sa voie véritable ; l'existence des coulisses, même à l'Académie Nationale de Musique, convenait peu à la réserve et à la timidité de celle qu'on appelait alors « La Belle Angevine », timidité qu'elle garda, du reste, jusqu'à ses derniers jours : la rencontre d'Alfred Stevens, alors dans toute sa gloire, vint la révéler à elle-même, et elle fut vite son élève, son élève préférée.

Un portrait de cette époque, signé d'une autre élève de Stevens, Mme Clémence Roth, nous la montre dans la rayonnante splendeur de sa jeunesse : elle était vraiment la Belle Angevine ; ceux qui ne l'ont connue que dans un

âge avancé déjà n'avaient pas de peine à
imaginer qu'elle avait dû être, en effet,
très belle ; la douceur et la régularité
des traits, une fraîcheur qui ne devait
rien aux fards, et le charme très doux
du regard et du sourire, lui étaient res-
tés à cette époque de la vie où tant de
femmes ne sont plus que décrépitude.

Un des familiers de l'atelier Stevens
était le bon poète-chansonnier Gustave
Mathieu, celui-là même qui fonda — ô le
brave homme ! — le Journal et l'Almanach de « Jean Raisin » ; ancien marin,
le poète, jamais embarrassé, avait plu-
sieurs cordes à son arc, et s'était fait
représentant de commerce et marchand de tableaux ; c'est ainsi qu'il al-
lait vendre les toiles de la jeune artiste,
qui n'eût jamais eu l'audace d'aller elle-
même proposer ses œuvres ; profits, du
reste, aussitôt absorbés par une passion
qu'elle eut toute sa vie, celle des bibelots et des gemmes : l'argent remis par
le bon Mathieu filait incontinent chez
quelque marchand de curiosités, d'où
Louise Desbordes rapportait un de ces
objets de matière somptueuse ou cha-
toyante, dont les belles tonalités évo-
quaient pour elle toute une suite d'harmonies colorées.

*
**

En 1879, elle exposait au Salon un panneau de fleurs intitulé : « Souvenir de première Communion ». Ce fut, tout de suite, le succès. Un critique qui ne fut jamais tendre ni complaisant, Joris-Karl Huysmans lui-même — ce ne fut que beaucoup plus tard qu'ils firent connaissance — écrivit ces lignes :

« Nous ne changeons pas de sujets, en abordant la nature morte. Pioupious d'Epinal ou fleurs de taffetas, c'est bon à mettre dans le même sac. Je fais exception pour Mlle Desbordes, qui brosse avec une belle énergie ses floraisons. Son « Souvenir de première Communion » est joliment peint. Toute cette gamme de blancs jouant sur du vert pâle est charmante ; puis, le voile jeté sur la coupe, les chapelets et le livre, donne un effet de nuée flottante très curieux ».

En 1880, un autre tableau de fleurs « La Fête de l'Absent » : sur une table, une mappemonde qu'une gerbe de fleurs caresse, un coffret entrouvert d'où s'échappent des lettres, une fleur encore, épinglée sur la sphère au point des mers lointaines où doit voguer l'aimé. Albert Wolf en parle ainsi dans le « Figaro »:

« Mlle Louise Desbordes, une véritable
artiste, tout à fait digne de cette qua-
lification ; un talent très fin, très dis-
tingué, qui signe des natures mortes et
des fleurs d'une coloration adorable, har-
monieuse au possible ; de bonnes pein-
tures claires et lumineuses, d'un bien
joli sentiment. » Jules de Marthold en
loue « l'exécution très fine, très délicate,
très aristocratique, absolument parfaite ».
Arsène Houssaye, Philippe Bury, lui
font écho. Cette fois encore, Huysmans,
après avoir vitupéré « les habituels pan-
neaux où de maigres fleurs de taffetas
trempent dans le ventre d'une molle po-
tiche », déclare : « ... trois seulement
sortent de la foule : Mme.., Mme.., et
Mlle Louise Desbordes qui a le faire éga-
lement brave. J'ai vu d'elle, jadis, des
pivoines grassement peintes, brossées
avec une incomparable hardiesse ; sa
facture semble déjà s'être un peu dévi-
rilisée... »

*
**

C'est qu'en effet, Louise Desbordes,
prenant conscience de sa personnalité,
et sûre maintenant de son métier, obéit
à son instinct, et s'évade des influences
du Maître ; si nous retrouvons dans ses

premiers tableaux quelque chose de la précision des Hollandais, nous la verrons maintenant, de plus en plus, s'abandonner à sa nature, qui est de rêver : rêve harmonieux, irréel le plus souvent, où la couleur est toute-puissante... et si puissant, le talent ! De plus en plus, disparaîtront de ses compositions les accessoires trop délimités, comme cette sphère céleste du tableau intitulé « La nuit », dont Paul Mantz dit qu'elle est « *un chef-d'œuvre d'exécution* » qu'elle exposa en 1881, et qui fut acquis par Georges Petit: des fleurs, des fleurs encore... et entendez bien qu'on ne dira point d'elle, comme Jean Lorrain, je crois, parlant de Mme Madeleine Lemaire, qu'elle « *fait la fleur comme Jeanny l'Ouvrière* ».

Ses natures mortes ne sont pas matière à ces trop habiles trompe-l'œil dont tant d'artistes fort cotés ont abusé, qui se croyaient tous des virtuoses, et ne furent souvent que des pignocheurs ; avec elle, les amateurs de « sujets » seront déçus, et elle n'aura jamais les honneurs (?) de l'Almanach des Postes et Télégraphes... et cela lui est si parfaitement égal, le sujet, que bientôt les titres de ses tableaux n'auront pour elle qu'une fort minime importance, et qu'elle les intitulera le plus souvent, parce qu'il faut un nom au rédacteur du catalogue,

« Fleurs ». Autour de ces fleurs, des eaux
glauques, des lointains vaporeux, des
poissons aux chatoiements de pierreries,
des insectes précieux comme des gemmes ; à peine, de temps à autre, dans
ces décors de féerie, une face humaine,
toujours un peu fantômale et irréelle, la-
mentable Ophélie, Christ douloureux, Si-
rène dont les cheveux cuivrés s'apparen-
tent aux algues...

Elle *compose*, réellement, au sens musical du mot, et souvent même après un
préalable entraînement musical où elle
s'est saturée d'effluves sonores : quelque
part dans l'atelier invraisemblablement
encombré de bibelots, de potiches, de bro-
deries, de boudhas dorés et ventrus, de
colliers de jade ou d'ambre enroulés par-
tout, au col des statues comme à celui
des énormes grenouilles de céramique,
accrochés aux chevalets, la tache colorée
d'un de ces objets, caressé par un rayon
de soleil, a frappé son regard... peut lui
chaut que ce soit une babouche ou un sa-
movar, un bijou ou une lanterne... c'est
la *note* lumineuse qu'elle vient de perce-
voir qui sera le thème de son orchestra-
tion ; un accord, sur cette note, en ma-
jeur ou en mineur, suivant l'heure de
son âme, lui fournira fugue et contre-
point... De cette tache, sur la toile, une
fleur naît, lumineuse, éclatante ; et puis,

tout autour, viennent s'harmoniser les tons, puissants ou atténués, sombres ou clairs, se faisant valoir, croirait-on, avec un étonnant instinct de la couleur, qui pourrait bien être, aussi, une science étonnante. Elle ne peint que ce qu'il lui plaît de voir, mais elle *voit* admirablement ce qui lui plaît, fut-ce en dehors de toute matérialité.

Car ce parti-pris de vague et d'irréel n'est jamais chez elle un vulgaire truquage pour masquer la paresse ou l'impuissance ; et quand il lui convient de *faire* un morceau, elle l'enlève en pleine pâte, quelquefois, ou quelquefois dans un travail précieux comme celui d'un laqueur chinois, avec une maestria, une virtuosité, où seule la main d'un très bon *peintre* peut atteindre. Après que la symphonie, sans plus, vous en aura séduit, regardez d'un peu plus près quelqu'un de ces étranges ragoûts de couleur, et vous serez étonné de voir quelles solidités ne décèlent sous cette facture apparemment lâchée... Je n'en prendrai pour preuve que ce panneau, précieusement conservé par Ch. Jouas, où une grosse carpe au ventre doré se joue sur un fond d'un bleu de nuit qui, de loin, pourrait passer pour uniforme : de près, il s'avère meublé de tout un mystérieux grouillement, par-delà des profondeurs...

Les connaisseurs ne s'y sont pas trom-
pés : George Petit lui commande un pla-
fond pour son hôtel ; Hector Pessard lui
achète son Scarabée ; Daubigny consi-
dère comme une aubaine, d'échanger une
toile avec elle. Sarah Bernhardt orne son
atelier du « Songe de l'Eau qui sommeille » ; le baron Piérard, Georges Clairin,
Thérèse Humbert, les collectionneurs les
plus avisés de France et de Belgique,
conservent ses toiles parmi leurs plus
belles. Jean Lorrain, Loti, Huysmans,
sont parmi ses amis les plus admiratifs.

***

Et c'est toute une longue carrière qui
se déroule, pendant quarante-sept an-
nées :

En 1881, elle expose ce « Songe de
l'Eau qui sommeille », dont je viens de
parler, et avec lequel elle enlève brillam-
ment sa première mention ; et le bon
François Fertiault, ce poète qui était encore assez jeune à cent ans pour publier
un volume de vers, s'en inspire pour un
sonnet ; Drumont, dans la « Liberté »,
en goûte le charme « *printanier et frais* » ;
Gabriel Vicaire envie le « Songe de
l'Eau », et Paul Mantz déclare, dans le

« Temps », qu'il est « *impossible de peindre des fleurs plus vivantes et plus heureuses d'être au monde* ».

En 1882, c'est « L'Automne » ; Camille Lemonnier écrit, avec son lyrisme un peu surchargé : « *Depuis la splendeur glorieuse des pampres, incarnation des idées d'apogée, jusqu'à l'inquiétante aigreur des idées de lutte et de déchirement, elle en joue avec une virtuosité incomparable. Tout son art est dans ce clavier duquel elle tire à volonté des harmonies pleines et puissantes ou de lourds accords voilés, qui tour à tour expriment des sensations riantes ou funèbres, selon que sa mansuétude ou sa colère dispense autour d'elle la vie et la mort. L'âme des coloristes a seule ces grands secrets* ».

A cette appréciation l'on peut joindre celle d'un critique alors écouté, Eugène Montrosier : « *Mlle Louise Desbordes ne copie personne. Elle s'en tient à la nature qu'elle réchauffe à la flamme d'un des plus étonnants tempéraments que nous connaissions. Tout, dans ses compositions, respire à la fois la grâce, le parfum et la force. C'est une femme qui serait digne d'être un homme. Théodore Rousseau qui trouvait que les femmes* « *ne concluent pas* », *eût changé d'avis s'il eût connu Mlle Desbordes* ». Péladan, de son côté, déclarait, au sujet des Pois-

sons qu'elle exposait la même année :
« *Cette peintresse est un excellent peintre* ».

En 1883, voici « Le Papillon et la Gre-
nouille ». J'ai pu voir cette toile, retrou-
vée par Jouas chez un amateur. La gre-
nouille et le papillon y sont bien, en effet,
encore qu'on ne les voie pas tout de suite, tant on est séduit par l'effet général;
et ils sont traités avec cette science du
« morceau » que j'ai déjà signalée ; mais
ils sont là surtout pour justifier le titre
de cette symphonie de blancs et de gris
perle, d'une étourdissante habileté.

1884, et c'est le « Scarabée » qui a ten-
té Hector Pessard, et les « Libellules »,
achetées par G. Clairin, dont toutes les
chroniques artistiques de l'époque van-
tent la fraîcheur.

En 1885, dans un numéro de la « Re-
vue » dirigée par Charles Fuster, et où
nous retrouvons, curieuse coïncidence,
des poésies d'André Godard, nous lisons
sous la plume de Jean-Paul Clarens, à
propos de la participation de Louise Desbordes à l'Exposition de Bordeaux : « *Il
passe dans sa peinture comme des effluves de mysticisme vaporeux et alangui.
L'inutile et le banal sont absents de ses
œuvres, caractérisées par une ordonnance
irréprochable et un style étrange. La
pensée même s'éprend de la conception*

idéale qui palpite sous cette flore bizarre
et suggestive comme une toile de Gustave Moreau. On sent, dans cette indéci-
sion savante de la forme, sourdre un tem-
pérament d'artiste exceptionnel ».

En 1886, sa « Barrière de Fleurs » lui
vaut, enfin, la médaille de 2e classe,
qu'elle eût obtenue depuis longtemps
avec un peu plus d'entregent et beaucoup
moins d'excessive modestie. En 1889, ses
envois à l'Exposition Universelle sont ré-
compensés d'une nouvelle mention.

*
**

Entrée en 1890 à la Société Nationale,
avec ses magnifiques « Fleurs Exoti-
ques », Louise Desbordes y exposa régu-
lièrement depuis, tous les ans, sans rien
perdre, avec le temps, de ses qualités ori-
ginales ; ses dernières œuvres, celles même qu'elle y envoya en 1926, ne trahis-
sent nulle décrépitude, nulle infériorité
à elle-même. Dans les derniers mois de
la maladie qui l'emporta, son plus grand
regret fut de ne pas pouvoir s'asseoir
à son chevalet, pour peindre encore...

Jusqu'à la fin aussi elle garda cette
âme charmante, presque enfantine de
fraîcheur, qui frappait tous ceux qui

l'approchaient. Et, ne pouvant plus exté-
rioriser ses rêves sur la toile, elle se les
chantait à elle-même : Tout près de sa
fin, restée seule une après-midi, une voi-
sine, par dessus le mur du jardinet sau-
vage de Créteil, l'entendit, bâtissant toute une féerie autour du balancement,
dans l'air tiède, d'une branche de vigne
vierge, se raconter un merveilleux et
puéril dialogue, ou, d'une voix très douce,
fredonner à mi-voix ses airs d'autrefois,
ses airs d'opéra.

*
* *

De nombreux groupements artistiques
s'honoraient de compter Mme Louise
Desbordes-Jouas dans leurs Sociétaires ;
parmi les plus notoires nous devons citer
les « Femmes Peintres et Sculpteurs »,
et l' « Eclectique », où ses envois étaient
toujours appréciés, comme ils l'étaient à
toutes ces Expositions de Province ou de
l'Etranger, où ne lui manquèrent point
des récompenses qu'elle n'eût point solli-
citées.

L'Anjou peut être fier d'avoir donné le
jour à cette très pure artiste, si mer-
veilleusement pourvue des dons de la
couleur et de l'harmonie, et dont la douceur et l'aménité étaient si bien apareil-
lées à son ciel natal. Elle laisse derrière

elle toute une œuvre dont, plus tard, les
musées s'enorgueilliront.

A nous, ses camarades de la « Société
des Artistes Angevins », nous reste le
souvenir d'avoir eu parmi nous, vingt
ans durant — depuis notre fondation —,
toujours prête à prendre sa part de nos
manifestations, cette artiste dont le talent nous honorait grandement, et cette
femme aimable, si modeste, que nul n'entendit jamais proférer un mot amer ou
malveillant ; et nous demeure aussi cette
précieuse recrue qu'elle nous avait ame-
née en la personne de Charles Jouas,
qu'elle avait annexé à l'Anjou. Ce grand
graveur, qui est plus qu'un graveur, un
vrai peintre, nous permettra de penser
qu'aujourd'hui plus que jamais il est des
nôtres. Parmi nous il conservera, vivant,
le témoignage de Celle qui n'est plus, et
qu'il avait si bien comprise.

Marc LECLERC.

Janvier 1927.

www.ingramcontent.com/pod-product-compliance
Lightning Source LLC
LaVergne TN
LVHW010839180726
843502LV00009B/3640